NATIONAL
GEOGRAPHIC

MW00711381

El algodón viene de plantas

Norman Yu

Nos ponemos prendas de vestir
de muchas clases.
Nos ponemos camisetas,
sombreros y pantalones cortos.
Muchas veces, esas prendas de
vestir son de algodón.

El algodón viene de plantas
de algodón o algodoneros.
En los algodoneros brotan
cápsulas llenas de mullido
y blanco algodón.
¿Cómo se convierte el algodón de
un algodonero en las prendas de
algodón que nos ponemos?

En cada algodonero
brotan muchas cápsulas.

Cada cápsula tiene dentro
algodón mullido y blanco.

5

Los agricultores recogen
el algodón.
A esto se le llama cosechar
el algodón.
¿Qué se hace después con
el algodón?

Para cosechar el algodón, los
agricultores usan una máquina
llamada desmotadora.

El algodón se envía a una fábrica.
Allí, unas máquinas limpian
el algodón.
Una vez limpio, el algodón
se envía a una hilandería.

Esta máquina esponja el
algodón y lo limpia.

9

Allí, se carda el algodón.
Con el cardado, el algodón se vuelve liso y suave.
Una máquina trenza el algodón suave y liso para hacer hilos.
El hilo es largo, delgado y fuerte.

En una hilandería, una máquina hace hilos trenzando el algodón.

Ahora el hilo está listo para ser tejido.
Grandes máquinas llamadas telares tejen el algodón para hacer tela.
La tela se envía entonces a una fábrica de prendas de vestir.

Los telares tejen largas piezas de tela con el hilo.

13

Unas personas cortan la tela para hacer ropa.
Hacen prendas de vestir como camisetas, sombreros, pantalones cortos y vestidos.

Para coser la tela se usan máquinas de coser.

¡Ya podemos ponernos el algodón!